ДЕРЕК ПРИНС

ОБМЕН НА КРЕСТЕ

Как применять кровь Иисуса

2013

DIVINE EXCHANGE (book)
HOW TO APPLY THE BLOOD
(audio message 4255)
Derek Prince

Derek Prince Ministries – International
P.O.Box 19501
Charlotte, NC 28219-9501
USA

ОБМЕН НА КРЕСТЕ
КАК ПРИМЕНЯТЬ КРОВЬ ИИСУСА
Дерек Принс

Переведено и издано
Служением Дерека Принса на русском языке
Translation and publication by Derek Prince Ministries
– Russia

Вы можете написать нам по адресу:
Служение Дерека Принса
а/я 72
Санкт-Петербург
191123
Россия

Служение Дерека Принса
а/я 3
Москва
107113
Россия

ISBN: 978-1-78263-066-1

Вы можете обратиться к нам через интернет:
info@derekprince.ru

или посетить нашу страницу:
www.derekprince.ru

DEREK
PRINCE
MINISTRIES
RUSSIAN WORLDWIDE

ОБМЕН НА КРЕСТЕ

Вся весть Евангелия вращается вокруг одного уникального исторического события: жертвенной смерти Иисуса на Голгофском кресте. Относительно этого Послание к Евреям 10:14 говорит следующее: *«Ибо Он (Иисус) одним приношением (Своей жертвой) навсегда сделал совершенными освящаемых».*

Здесь в одном стихе мы встречаем сочетание двух сильных слов: «совершенными» и «навсегда». Вместе они описывают жертву, которая охватывает всякую нужду всего человечества. Более того, последствия этой жертвы выходят за рамки времени — в вечность.

Апостол Павел пишет в Филиппийцам 4:19, что на основании этой жертвы: *«Бог мой да восполнит **всякую нужду** вашу, по богатству Своему в славе, Христом Иисусом».* Понятие всякая нужда ваша охватывает каждую сферу вашей жизни — ваше тело, вашу душу, ваш разум, ваши эмоции, а так же ваши материальные и финансовые нужды. Ничто не исключается из Божьего провидения — нет ничего слишком большого или слишком незначительного для Бога. Единым суверенным актом Бог собрал все нужды и страдания человечества в одной кульминационной точке истории.

Бог не предложил много разных решений для множества проблем человечества. Вместо этого Он предлагает нам одно всеобъемлющее решение, которое является Его ответом на каждую проблему. Хотя у нас разное происхождение и каждый из нас имеют свою особую нужду, но для принятия Божьего решения мы все должны прийти к одному месту — Кресту Иисуса.

Самое исчерпывающее описание свершившегося на Кресте было дано пророком Исаией — за семь веков до того, как это событие имело место в истории. В Книге пророка Исаии 53:10 мы находим описание «раба Господа», чья душа была предложена Богу, как жертва за грех. Все участвовавшие в написании Нового Завета единогласны в том, что Иисус из Назарета и был этим «рабом Господним», пророчески описанным Исаией, но не названным по имени. Божья цель, достигнутая благодаря Его жертве, описана в Книге пророка Исаии 53:6:

> *Все мы блуждали как овцы, совратились каждый на свою дорогу; и Господь возложил на Него грехи всех нас.*

Здесь указана основная проблема всего человечества: все мы совратились и шли своим собственным путем — все без исключения. Есть много грехов, которые большинство из нас не совершало — такие как убийство, прелюбодеяние, воровство, и т.д. — но все мы в своей жизни брели своим собственным путем, и в этом мы все подобны. Блуждая на своих путях *мы совратились — повернулись к Богу спиной*. Еврейское слово «авон», которое переведено здесь словом «грехи», подразумевает противление, отпор, противодействие — это бунт не против человека, но против Бога.

Однако ни одно из этих слов — «грехи», «противление» или «бунт» — не выражает полного значения слова «авон». Библия описывает словом «авон» не только грехи, но также наказания и злые последствия, которые следуют за грехами.

Например, в Бытие 4:13, после Божьего осуждение Каина за убийство своего брата, он сказал: «...наказание мое больше, нежели снести можно». Слово, переведенное здесь как «наказание» — это слово «авон». Оно включало не просто «грех» Каина, но также и «наказание», которое последовало.

В книге Левит 16:22 Господь дает повеление о козле отпущения, которого следовало отпускать на свободу в День Искупления: «И понесет козел на себе все беззакония их в землю непроходимую...» Таким образом, данным символическим действием козел нес на себе не просто беззакония израильтян, но также все последствия их беззаконий.

В четвертой главе книги Плач Иеремии слово «авон» с тем же самым значением встречается дважды. В шестом стихе оно переведено: «Наказание нечестия дщери народа моего...» А в стихе 22: «Дщерь Сиона! наказание за беззаконие твое...» Здесь слово «авон» переведено как «наказание нечестия» и «наказание за беззаконие». Другими словами, слово «авон» означает не только «беззаконие», «грехи», или «нечестие», но также говорит обо всех злых последствиях, которые являются результатом Божьего суда за эти грехи и беззакония.

Именно об этом свидетельствует жертва Иисуса на Кресте. Сам Иисус не был виновен в каком-либо грехе. В Книге пророка Исаии 53:9 сказано: «... (Иисус) *не сделал греха, и не было лжи в устах Его*». Но в стихе шестом сказано: «...*Господь возложил на Него грехи (авон) всех нас*». Иисус не просто отождествил Себя с нашими грехами и беззакониями. Он также понес на Себе все злые последствия этих беззаконий. Как козел отпущения, который являлся Его прообразом, Иисус унес их прочь, чтобы они никогда больше не смогли вернуться к нам. Вот истинный смысл и задача Креста. На Кресте произошел предопределенный Богом обмен.

Во-первых, Иисус претерпел вместо нас все ужасные наказания, заслуженные нами согласно Божьему правосудию за наши беззакония. Взамен Бог предлагает нам всё благо, причитающееся безгрешному послушанию Иисуса.

Более коротко это можно выразить так: всё зло, заслуженное нами, пришло на Иисуса, чтобы вместо этого всё добро, причитающееся Иисусу, было предложено нам. Бог предлагает это нам, не идя на компромисс со Своим вечным правосудием, потому что Иисус уже претерпел вместо нас всё то справедливое наказание, полагающееся за наше беззаконие.

Всё это происходит исключительно из необъяснимой благодати и милости Божьей и принимается исключительно верой. Этому невозможно дать логическое объяснение, опираясь на причинно-следственную связь. Никто из нас никогда не сделал ничего достойного такого предложения, и никто из нас не в состоянии заслужить это.

Писание открывает многогранность этого обмена, и свидетельствует о множестве сфер нашей жизни, к которым он применим. Но принцип всегда остается один и тот же: **зло пришло на Иисуса, чтобы соответственное добро было предложено нам.**

Первые две стороны обмена описаны в Книге пророка Исаии 53:45:

> *Но Он взял на Себя наши немощи (букв. физические болезни), и понес наши болезни (букв. боли); а мы думали, что Он был поражаем, наказуем и уничижен Богом. Но Он изъязвлен был за грехи наши и мучим за беззакония наши; наказание мира нашего было на Нем, и ранами Его мы исцелились.*

Мы видим сочетание двух истин. Применение одной истины — духовное, а другой — физическое. В духовном плане, Иисус принял на Себя наказание за наши беззакония и грехи, чтобы взамен них мы могли быть прощены и обрели мир с Богом (см. Римлянам 5:1). В физическом плане, Иисус понес наши немощи и болезни, чтобы благодаря Его ранам мы могли быть исцелены.

Физическая сторона обмена, касающаяся исцеления, дважды подтверждена Новым Заветом. В Евангелии от Матфея 8:16-17 мы читаем: «...(Иисус) исцелил *всех больных, да сбудется реченное чрез пророка Исаию, который говорит:*

"Он взял на Себя наши немощи и понес болезни"». Это ссылка на Книгу пророка Исаии 53:4.

Затем, в Первом послании Петра 2:24 мы читаем: «*Он грехи наши Сам вознес Телом Своим на древо, дабы мы, избавившись от грехов, жили для правды, ранами Его вы исцелились*». Здесь апостол Петр цитирует Книгу пророка Исаии 53:10.

Двусторонний обмен, описанный в вышеприведенных стихах Писания, можно суммировать следующим образом:

Иисус понес наше **наказание**, чтобы мы могли быть **прощены**.
Иисус был **изранен**, чтобы мы могли быть **исцелены**.

Третья сторона обмена, которую мы находим в Книге пророка Исаии 53:10, выражается в том, что Господь сделал душу Иисуса «жертвой за грех». Смысл этого можно понять в свете заповедей закона Моисеева о различных формах жертвоприношений. Если человек согрешил в чём-то, то должен был привести к священнику жертву за свой грех — овцу, козла, быка, или какое-нибудь другое животное. Затем он должен был исповедать свой грех над этой жертвой, а священник символически переносил исповеданный грех с человека на животное. Затем животное принимало смерть, тем самым расплачиваясь за грех, возложенный на него.

По предвидению Божьему всё это служило прообразом того, что должно было совершиться в последней, всеобъемлющей жертве Иисуса. На Голгофе на душу Иисуса был возложен грех всего мира. Результат этого описан в книге Исаии 53:12: «… (Иисус) *предал душу Свою на смерть…*». В Своей заместительной жертвенной смерти Иисус стал умилостивлением за грех всего человечества.

Во 2-м Коринфянам 5:21 Павел цитирует Книгу пророка Исаии 53:10 и в то же самое время показывает позитивную сторону обмена: *«Ибо незнавшего греха (Иисуса) Он (Бог) сделал для нас жертвою за грех, чтобы мы в Нем сделались праведными пред Богом».*

Павел не говорит здесь о каком-либо виде праведности, которую мы можем достичь своими собственными попытками, но о праведности Самого Бога — праведности никогда не знавшей греха. Никто из нас никогда не сможет заслужить этого. Это настолько выше нашей праведности, как небеса выше земли. Это может быть принято только верой. Эту третью сторону обмена можно выразить следующим образом:

Иисус взял на Себя нашу **греховность**, чтобы мы могли получить Его **праведность**.

Следующая сторона обмена является логическим продолжением предыдущей. Как подчеркивает вся Библия — как Ветхий Завет, так и Новый — конечным последствием греха является смерть. Господь говорит в Книге пророка Иезекииля 18:4: *«душа согрешающая, та умрет (букв. «должна умереть»)».* В

Послании Иакова 1:15 сказано: «*сделанный грех раждает смерть (букв. «плодом греха всегда является смерть»)».* Когда Иисус отождествился с нашим грехом, то Он неизбежно должен был пережить смерть, являющуюся результатом греха.

В подтверждение этому Послание к Евреям 2:9 говорит, что «*за претерпение смерти увенчан славою и честию Иисус, Который немного был унижен пред Ангелами, дабы Ему, по благодати Божией, вкусить смерть за всех».* Смерть, которою Он умер, была неизбежным следствием человеческого греха, который Он взял на Себя. Он понес грех всех людей, и поэтому умер смертью, положенной всем людям.

Всем принимающим Его заместительную жертву Иисус вместо смерти предлагает дар вечной жизни. В Послании к Римлянам 6:23 Павел приводит две альтернативы, одну за другой: «*Ибо возмездие* (заслуженная плата) *за грех — смерть, а* (незаслуженный) *дар Божий — жизнь вечная во Христе Иисусе, Господе нашем».* Итак, четвертую сторону обмена можно суммировать следующим образом:

Иисус принял нашу **смерть**, чтобы мы могли получить Его **жизнь**.

Следующая сторона обмена описана Павлом во 2-м Коринфянам 8:9: «*Ибо вы знаете благодать Господа нашего Иисуса Христа, что Он, будучи богат, обнищал ради вас, дабы вы обогатились Его нищетою».* Обмен ясен: от нищеты к богатству. Иисус обнищал, чтобы мы могли разделить Его богатство.

Когда Иисус обнищал? Некоторые люди описывают Его бедным во время Его земного служения, но с такой точкой зрения нельзя согласиться. Это верно, что Он не носил при Себе много денег наличными, однако у Него никогда не было недостатка ни в чём. Даже когда Он послал Своих учеников, они тоже ни в чем не нуждались (см. Луки 22:25). Более того, Он со Своими учениками имел обыкновение давать бедным, поэтому был далеко не нищим (см. Иоанна 12:4-8; 13:29).

Надо заметить, порой способы получения денег у Иисуса были весьма необычными — но деньги, вынутые изо рта пойманной рыбы, из-за этого не теряли своей ценности! (см. Матфея 17:27). Порой Его способы получения пропитания тоже были необычными, но человека, который мог накормить одновременно 5.000 мужчин (плюс женщин и детей) ни по каким стандартам никак нельзя назвать бедным! (см. Матфея 14:15-21).

В действительности, на всем протяжении Своего земного служения, Иисус являл Собой пример того истинного изобилия, о котором говорит Библия. Он всегда имел всё, в чём нуждался для исполнения воли Божьей в Своей жизни. Вдобавок к этому Он постоянно давал другим, однако Его ресурсы никогда не истощались.

Итак, когда же Иисус обнищал ради нас? — на Кресте. В книге Второзаконие 28:48 Моисей дает такое определение абсолютной нищете: 1) голод, 2) жажда, 3) нагота и 4) нужда во всём. Иисус пережил всё это во всей полноте на Кресте.

Он был *голоден*. Он не ел, по меньшей мере, на протяжении целых суток.

Он *жаждал*. Одно из последнего, что Он произнес, было: «Жажду!» (Иоанна 19:28).

Он был *обнажён*. Солдаты сорвали всю Его одежду (Иоанна 19:23).

Он *нуждался во всём*. У Него не осталось ничего своего. После смерти Он был похоронен в чужом одеянии и в чужой гробнице (Луки 23:50-53). Итак, Иисус буквально и полностью обнищал ради нас. Он перенёс абсолютную нищету.

Во 2-м Коринфянам 9:8 Павел раскрывает позитивную сторону обмена: *«Бог же силен обогатить вас всякою благодатью, чтобы вы, всегда и во всем имея всякое довольство, были богаты на всякое доброе дело».* Павел очень точен, подчеркивая, что единственным основанием этого обмена является Божья благодать. Ее невозможно заработать. Она может быть принята только верой.

Очень часто наше богатство будет подобно тому изобилию, какое имел Иисус, когда был на земле. У нас не будет крупных сумм наличных денег и крупных счетов в банке. Но изо дня в день у нас будет достаточно для удовлетворения собственных нужд, и даже больше — для восполнения нужд других.

В Своих проповедях Иисус указывал причину, почему важно иметь такой уровень обеспечения. Его слова процитированы в Деяниях 20:35: *«блаженнее давать, нежели принимать».* Бог хочет, чтобы благословение всех Его детей могло возрастать. Поэтому, Он дает нам достаточно, чтобы не только покрыть наши собственные нужды, но и иметь возможность давать другим.

Пятый аспект обмена можно выразить следующим образом:

Иисус претерпел нашу **нищету**, чтобы мы могли разделить Его **изобилие**.

Обмен на Кресте покрывает также эмоциональные страдания, которые сопровождают беззаконие человека. И здесь также Иисус претерпел зло, чтобы мы взамен могли получить добро. Две наиболее мучительные раны, которые являются результатом беззакония, это — *стыд* и *отвержение*. И то и другое Иисус перенес на Кресте.

Стыд может варьироваться по силе от сильного пронзительного стеснения до давящего тяжелого чувства собственного ничтожества, отсекающего человека от осмысленного и внятного общения, как с Богом, так и с людьми. Одна из наиболее часто встречающихся причин (которая становится всё более распространенным в современном обществе) — это разные формы сексуального насилия и растления в детстве. Как правило, это оставляет глубокие шрамы, которые могут быть исцелены только благодатью Божьей.

Послание к Евреям 12:2 говорит, что Иисус *«претерпел крест, пренебрегши посрамление...»*. Распятие на кресте была самой позорной из всех форм казни, предназначенной для преступников только самого низкого разряда. С приговоренного срывали всю одежду, выставляя его обнаженным на многие часы на публичное глумление и издевательство. Вот глубина той чаши позора, которую испил Иисус на Кресте (Матфея 27:35-44). По понятной причине, висящего на Кресте Иисуса изображают прикрытым, но практика этой позорной казни иная. Писание дает очень осторожный намек, говоря, что женщины, присутствующие на казни, наблюдали за происходящим издали (см. Матфея 27:55 и Марка 15:40).

Итак, взамен стыда, который претерпел Иисус, Бог хочет ввести всех, доверяющих Ему, в Свою вечную славу. В Послании к Евреям 2:10 сказано: «*Ибо надлежало, чтобы Тот* (Бог)..., **приводящего многих сынов в славу,** *Вождя спасения их* (Иисуса) *совершил через страдания*». Позор, принятый Иисусом на Кресте, открывает для всякого верующего в Него путь к свободе от собственного стыда. И не только это, но затем Он разделяет с нами славу, которая принадлежит Ему по вечному праву!

Мы часто встречаем еще одну рану, которая зачастую бывает для людей даже более мучительна, чем стыд. Это — *отвержение*. Обычно она берет начало от каких-то разрушенных взаимоотношений. Самое раннее отвержение может прийти от родителей, отвергающих своих детей. Отвержение может быть активным, выраженным в грубых, негативных формах; или же оно может заключаться в недостатке любви и принятия. Если беременная женщина испытывает негативные чувства к ребенку, которого она носит под сердцем, то он, скорее всего, будет рожден с чувством отверженности — которое может сопровождать его и в его взрослой жизни, вплоть до могилы.

Крушение брака является еще одной очень распространенной причиной отверженности. Это очень наглядно описано в Книге пророка Исаии 54:6: *«Ибо как жену, оставленную и скорбящую духом, призывает тебя Господь, и как жену юности, которая была отвержена, говорит Бог твой».*

Божье провидение для исцеления ран отверженности находится в Евангелии от Матфея 27:46 и 50, где описана кульминация предсмертной агонии Иисуса:

А около девятого часа возопил Иисус громким голосом: Или, Или! лама савахфани? то есть: Боже Мой, Боже Мой! для чего Ты Меня оставил?... Иисус же, опять возопив громким голосом, испустил дух.

Впервые в истории Вселенной Сын Божий воззвал к Своему Отцу и не получил ответа. Иисус настолько отождествился с человеческим беззаконием, что бескомпромиссная святость Божья послужила причиной тому, что Отец в этот момент отвернулся от Своего Сына. Таким образом Иисус претерпел отвержение в самой агонизирующей форме: отвержение Отцом. Практически сразу после этого Он умер — не от ран, нанесенных людьми, но от разорванного отвержением сердца.

И следующий же стих говорит (Матф. 27:51): *«И вот, завеса в храме раздралась надвое, сверху донизу...»* Символически это свидетельствовало, что отныне открыт путь для входа грешного человека в прямые взаимоотношения со Святым Богом. Отвержение, через которое прошел Иисус, открыло путь к Божьему принятию нас в качестве Его детей. Павел выражает это в Послании к Ефесянам 1:56: *«Предопределив усыновить на Себе чрез Иисуса Христа... Он* (Бог) *облагодатствовал нас в Возлюбленном».* В результате отвержения, которое перенес Иисус, мы получили благодать и принятие.

Никогда ранее не существовало более отчаянной нужды в Божьем исцелении от стыда и отвержения, чем сейчас. Сегодня, согласно моей оценке, как минимум четвертая часть взрослого населения земли страдает от ран стыда и отвержения. И я испытываю безмерную радость, когда могу указать таким людям на исцеление, проистекающее от Креста Иисуса.

Две стороны обмена на Кресте, рассмотренные выше, можно суммировать следующим образом:

Иисус понес наш **стыд**, чтобы мы могли войти в Его **славу**.

Иисус претерпел наше **отвержение**, чтобы мы могли обрести Его **принятие** у Отца.

Стороны обмена, рассмотренные выше, относятся к одним из самых основных и острых нужд человечества, — однако это еще не все. В действительности нет ни одной нужды человечества, возникшей в результате его первоначального грехопадения, которую не покрывал бы тот же самый принцип обмена: *на Иисуса было возложено зло, чтобы нам могло быть предложено добро.* Когда мы научимся применять этот принцип в своей жизни, мы высвободим Божье провидение для каждой нашей нужды.

Остался лишь один последний кульминационный аспект обмена, который был описан Павлом в Послании Галатам 3:13-14:

> *Христос искупил нас от клятвы закона, сделавшись за нас клятвою, — ибо написано: «проклят всяк, висящий на древе», — дабы благословение Авраамово чрез Христа Иисуса распространилось на язычников, чтобы нам получить обещанного Духа верою.*

Павел относит к Иисусу, висящему на Кресте, положение закона Моисеева (Второзаконие 21:23), согласно которому человек, казненный через повешение на «древе» (на деревянном орудии казни) тем самым находится под проклятием Божьим. Затем Павел указывает на противоположное — благословение, пришедшее в результате этого.

Не нужно быть богословом, чтобы увидеть эту сторону обмена:

Иисус стал **проклятием**, чтобы мы могли войти в **благословение**.

Проклятие, постигшее Иисуса, определено как «проклятие закона». В 28 главе книги Второзаконие Моисей дает исчерпывающий перечень, как благословений на послушание закону, так и проклятий на нарушение закона. Проклятия (Втор. 28:15-68) можно суммировать следующим образом:

- Унижение
- Бесплодие, неплодоносность
- Душевная и физическая немощь
- Семейное отчуждение
- Нищета
- Поражение
- Угнетение
- Несостоятельность, провал
- Божье осуждение и немилость

Можно ли охарактеризовать некоторыми из этих выражений определенные сферы вашей жизни? Ощущаете ли вы над собой нечто подобное тяготеющей тени, закрывающей от вас солнечный свет Божьих благословений, которых вы так жаждете? Если это так, то вполне вероятно, что корнем ваших проблем является проклятие, от которого вам, с Божьей помощью, необходимо освободиться (Более **глубокое исследование этой темы Дерек Принс делает в книге "Благословение или проклятие: ты можешь избрать"** — примеч. ред.). Чтобы осознать весь ужас проклятия, пришедшего на Иисуса, подумайте о том, что Он пережил на Кресте.

Собственный народ, которому Он служил, отверг Его; один из ближайших учеников Иисуса предал Его за деньги, в то время как остальные бросили Его (хотя некоторые из них позднее вернулись, чтобы посмотреть на Его предсмертные агонии). Его раздели и подвесили на гвоздях между небом и землей. Его тело мучилось от боли многочисленных ран. Его душа несла на себе бремя вины всего человечества. Земля отвергла Его, а небеса не отвечали на Его вопль. По мере того, как солнце померкло, и тьма объяла Его, кровь Иисуса изливалась на пыльную, каменистую почву. Однако из мрака и ужаса того дня, с последним выдохом Иисуса, раздался Его последний торжествующий возглас: «Свершилось!»

Этот глагол «Свершилось!» стоит в настоящем времени и означает «выполнить что-то до конца, и довести что-то до совершенства». Можно выразить это так: «Закончено окончательно», или: «Выполнено полностью».

Иисус взял на Себя все злые последствия, к которым бунт привел человечество. Он исчерпал все проклятья нарушения Божьего закона. Чтобы мы взамен всего этого могли получить все благословения Его послушания. Такая жертва потрясает своим объемом, и изумляет своей простотой.

Способны ли вы принять верой всё значение жертвы Иисуса и всё, что Он приобрел для вас? Горит ли ваше сердце желанием войти в полноту Божьего провидения? Есть одно препятствие, с которым нам прежде необходимо разобраться — преграда непрощенного греха. Есть ли у вас полная внутренняя уверенность, что вы получили прощение своих грехов благодаря жертве Иисуса? Если у вас есть хоть какие-то сомнения, то именно с этого вам необходимо начать.

Есть простая молитва, которую обязательно услышит Бог, если вы помолитесь ей от всего своего сердца:

Боже, я признаю, что являюсь грешником, и мое сердце тяготит непрощенный грех. Но я верю, что Иисус понёс мое наказание, чтобы я мог быть прощен, поэтому я прошу Тебя сейчас: Боже, прости мне все мои грехи, во имя Иисуса.

Божье Слово обещает нам, что *«если исповедуем грехи наши, то Он, будучи верен и праведен, простит нам грехи (наши) и очистит нас от всякой неправды»* (1 Иоанна 1:9). Верьте Богу на основании Божьего Слова! И если вы (со своей стороны) искренне сделали то, что говорит вам Библия, — исповедовали свои грех, — то Он (со Своей стороны), будучи верен и праведен, сделал то, что пообещал в Своем Слове, — простил вам все ваши грехи! Если вы действительно доверяете Богу и Его Слову, то вам остается выразить свою веру самым простым и чистым образом — от сердца поблагодарить Бога.

Сделайте это прямо сейчас! Скажите:

«Благодарю Тебя, Господь Иисус, за то, что Ты принял наказание, чтобы я мог быть прощен. Может быть, я не всё понимаю, но я хочу верить и быть благодарным!»

Когда преграда греха устранена, перед вами открыт путь для вхождения во всякое обеспечение Божье, которое было совершено через Крест. Так же как и прощение грехов, всё это принимается простой верой в Божье Слово.

Каждый и нас имеет свои нужды и каждый из нас должен прийти к Богу лично, чтобы принять Его обеспечение. Вот общий образец, который вы можете использовать для молитвы о любой стороне обмена на Кресте.

Господь Иисус, благодарю Тебя за то, что Ты был изранен, чтобы я мог быть исцелен.

Господь Иисус, благодарю Тебя за то что Ты принял на Себя грех моей греховности, чтобы я мог стать праведным Твоей праведностью.

Господь Иисус, благодарю Тебя за то что Ты умер моей смертью, чтобы я мог получить Твою жизнь.

Господь Иисус, благодарю Тебя за то, что Ты претерпел мою нищету, чтобы я мог разделить Твое изобилие.

Господь Иисус, благодарю Тебя, за то, что Ты понес мой стыд, чтобы я мог разделить с Тобой Твою славу.

Господь Иисус, благодарю Тебя за то, что Ты претерпел мое отвержение, чтобы я мог получить Твое принятие у Отца.

Господь Иисус, благодарю Тебя за то, что Ты принял проклятие, чтобы я мог войти в благословение.

Молясь о каждой стороне обмена, помните, что получение Божьих обетований (т.е. обещанного Богом и приобретенного Господом Иисусом для вас на Кресте) носит прогрессивный характер. Только начав молиться и исповедовать свою веру, вы уже подключили свою жизнь к источнику Божьей силы. Тем не менее, это только начало. Чтобы войти в полноту благословений, которых вы ищете, вам необходимо сделать следующее:

1. Самому исследовать все эти истины в Библии.
2. Постоянно — снова и снова — утверждать (веря своим сердцем и произнося своими устами, см. Римлянам 10:8) тот обмен, который приносит ответ на вашу нужду.
3. Постоянно — снова и снова — проявлять и укреплять свою веру через благодарение Богу за то, что Он провидел для вас. В Библии слова «благодать» и «благодарность» взаимосвязаны — благодарный Богу человек всегда находится под Его благодатью. Чем больше вы будете проявлять благодарность Богу, тем больше будет возрастать ваша вера в то, что Он сделал для вас. И чем больше вы будете верить, тем больше вам захочется благодарить Его. Вера и благодарение, благодарение и вера — подобны винтовой лестнице, по которой вы будете все выше и выше подниматься в полноту Божьего провидения.

Итак, существует одно — и только одно — всеобъемлющее основание для каждой Божьей милости: обмен, который произошел на Кресте.

Иисус понес наше **наказание**, чтобы мы могли быть **прощены**.

Иисус был **изранен**, чтобы мы могли быть **исцелены**.

Иисус взял на Себя нашу **греховность**, чтобы мы могли получить Его **праведность**.

Иисус умер нашей **смертью**, чтобы мы могли принять Его **жизнь**.

Иисус претерпел нашу **нищету**, чтобы мы могли разделить Его **изобилие**.

Иисус понес наш **стыд**, чтобы мы могли войти в Его *славу*.

Иисус претерпел наше **отвержени**е, чтобы мы могли обрести Его **принятие** от Бога.

Иисус принял наше **проклятье**, чтобы мы могли войти в Его **благословение**.

Однако это неполное описание обмена, совершенного на Кресте. Есть еще и другие стороны обмена, которые можно обнаружить. Но всё они — это лишь разные грани одного, совершенного Богом благодаря жертве Иисуса. Библия суммирует всё это одним всеобъемлющим словом: спасение. Христиане часто ограничивают спасение прощением грехов и рождением свыше. Хотя, безусловно, это очень важно и чудесно, но это лишь вводная часть полного спасения, открытого в Новом Завете.

Как применять кровь Иисуса

Целью нашего исследования будет полнота действия крови Иисуса в нашей жизни. Сначала давайте обратимся к книге Откровение, где мы находим описание великого финального противостояния, ожидающего нас при окончании века сего. Это сражение охватит небо и землю. В нём примут участие Божьи ангелы, сатана со своими ангелами, и народ Божий на земле. Благодарение Богу, что победа будет за Богом и Его народом. Там сказано о том, как народ Божий на земле выполнит свою часть в завоевании этой победы. Откровение 12:11 — эти слова принадлежат ангелам, но относятся к людям на земле:

Они победили его...

Кто «они»? — простые люди, как мы с вами, верующие в Иисуса Христа. Кого «его»? — сатану. Важно увидеть, что произойдет прямое противостояние между верующими и сатаной, и между нами не будет никакого посредника. Итак...

Они победили его кровию Агнца и словом свидетельства своего...

И дальше говорится о том, какого свойства людьми они будут:

...И не возлюбили души своей даже до смерти.

Иными словами, это будут *полностью посвященные* люди. Именно таких христиан боится сатана, — он боится только на сто процентов посвященных христиан. Когда говорится о том, что они *«не возлюбили души своей»* (в других переводах: *«жизни своей»*) *даже до смерти»*, то что это значит? Это означает, что сохранить свою жизнь для них было не самым важным. Самым главным для них было исполнить волю Божью, независимо от того, останутся они при этом в живых или нет. Итак, сберечь свою жизнь — это не самое важное для них. Самое главное для них — остаться верными Господу и исполнению Его воли.

Христиане часто говорят, что являются солдатами армии Господа, но, наверное, многие из них имеют достаточно смутное и, скорее, сентиментальное представление о том, что значит быть солдатом. Во время Второй Мировой войны на протяжении пяти с половиной лет я был солдатом Британской армии. Я не был добровольцем — меня призвали в армию. Но, как бы там ни было, позвольте сказать следующее: при вступлении в ряды Британской армии командование не выдало мне бумагу с гарантией, что я останусь целым и невредимым, и вернусь домой живым. Еще ни одна армия не принимала в свой строй солдат, гарантируя им, что они не пострадают и не будут убиты. Всё как раз наоборот: когда кто-то становится солдатом, то тем самым свидетельствует, что готов отдать свою жизнь. То же самое относится и к Божьей армии. Вам никто не гарантирует, что вам не придется расстаться с жизнью. Сатана боится только тех людей, которых не страшит смерть. В любом случае наша жизнь относительно коротка. Она не будет продолжаться вечно, и она не устелена цветами. Разве не так?

Было бы глупо потерять вечную славу ради нескольких коротких лет на земле. Поэтому нам просто необходимо говорить о том, что самым важным в жизни является выполнение воли Божьей. При верном понимании и правильной системе ценностей, выполнение нами воли Божьей — это в наших же интересах. Есть чудесные слова в Первом послании Иоанна 2:17:

И мир проходит, и похоть его, а исполняющий волю Божию пребывает вовек.

Когда вы в полном посвящении соединяете свою волю с волей Божьей, то вы становитесь непотопляемым, непобедимым и непоколебимым. Когда вы соединяетесь с волей Божьей, то становитесь таким же надежным, как воля Божья. Не имеет значения, умрете вы или останетесь жить — вы не будете в поражении.

Предложу вам свое понимание, что значит побеждать сатану кровью Агнца и словом свидетельства своего. Это одна из самых драгоценных истин, которые Бог открыл мне за все годы моего хождения с Ним. Нет мерила, которым можно оценить всю ценность этого откровения. Миллионов долларов было бы недостаточно. Ценность этой истины невозможно выразить в деньгах. Будьте внимательны, я скажу это очень просто и ясно: ***Мы побеждаем сатану, когда лично свидетельствуем о том, что, согласно Слову Божьему, кровь Иисуса делает для*** *нас.* Постарайтесь осознать и запомнить эти слова. Стоит даже повторить их несколько раз вслух, для того чтобы они запечатлелись в вашем сознании.

Теперь давайте поговорим о том, как это делать практически. Но сначала обратимся к прообразам Ветхого Завета. В 12-й главе книги Исход описан порядок совершения Пасхи. Мы знаем о том, что через жертву пасхального ягненка (агнца) Бог предусмотрел полную защиту для всего народа Израиля. Но для того чтобы получить защиту от крови агнца, израильтяне должны были сделать определенные действия. Перед тем, как мы обратимся к 12-й главе книги Исход, давайте прочитаем Первое послание Коринфянам 5:7, вторую часть стиха: «...*ибо Пасха наша, Христос, заклан за нас*». Другими словами, апостол Павел говорит о том, что Пасха Ветхого Завета, совершенная в Египте, является пророческим прообразом того, что было совершенно через искупительную смерть Иисуса. Христос является истинной Пасхой — именно в Его крови, а не в крови пасхального ягненка, мы получаем окончательное и вечное спасение.

Кроме того, тот способ, каким израильтянам было предписано применять кровь ягненка, является чудесным прообразом для нас. Давайте обратимся к книге Исход 12:21-23. Позвольте попутно заметить, что порядок совершения Пасхи является одним из множества примеров Библии, указывающих на огромную ответственность, лежащую на отцах семейств. Поскольку именно отцы в народе Израиля были теми, кто мог обеспечить защиту и спасение всему народу. Если бы отцы отнеслись небрежно к выполнению своих обязанностей, тогда весь Израиль не смог бы получить защиту через Пасху.

Лично я уверен, что самой большой проблемой современного общества являются отцы, не выполняющие своих обязанностей. Много раз при консультации родителей, у которых были проблемные дети, мне приходилось повторять: «Нет детей, не таких, какими они должны становиться — есть родители, не такие, какими они должны были быть». Полагаю, что если мы проследим, откуда приходят все проблемы, стремительным ростом которых мы так обеспокоены — аборты, наркотики, разводы и многие другие беды общества — то мы, в конечном итоге, обнаружим, что источником этих проблем являются отцы, не выполняющие своих обязанностей. Как я уже отметил в контексте рассматриваемого нами места Писания, что если бы отцы не выполнили возложенной на них обязанности, то Израиль не был бы спасен. У Бога нет запасного плана. Изначальный план и является Божьим конечным планом. И если Он решил возложить ответственность на отцов, то Он уже не снимет ее с них.

Теперь давайте прочитаем Исход 12:21-23:

И созвал Моисей всех старейшин Израилевых и сказал им: выберите и возьмите себе агнцев по семействам вашим и заколите пасху; и возьмите пучок иссопа, и обмочите в кровь, которая в сосуде, и помажьте пере-

кладину и оба косяка дверей кровью, которая в сосуде; а вы никто не выходите за двери дома своего до утра. И пойдет Господь поражать Египет, и увидит кровь на перекладине и на обоих косяках, и пройдет Господь мимо дверей, и не попустит губителю войти в домы ваши для поражения.

Слово «пасха» буквально означает «пройти мимо». Господь сказал, что Он пройдет мимо двери, которая будет защищена кровью агнца.

Давайте поразмышляем над тем, что должны были сделать отцы. В определенное время каждый отец должен был выбрать ягненка согласно размеру своего семейства. Затем они должны были заколоть этого ягненка и собрать его кровь в сосуд. Эта кровь была очень ценной — ни одна капля не должна была быть пролита на землю.

Итак, агнец заклан, кровь, которая должна была защитить, собрана в сосуд, — но, пока она находилась в сосуде, она никого не защищала. Отцам было предписано перенести кровь из сосуда на двери домов, и помазать ею косяки и перекладину дверей, но, ни в коем случае, не порог — никто не должен был переступать через кровь. Судьба Израиля зависела от перемещения крови из сосуда на двери своих жилищ. Как они делали это? Очень просто: Бог велел им взять небольшой пучок иссопа, обмакнуть его в кровь и помазать ею косяки и перекладину дверей. Иссоп был ничем не примечательным и, в некотором смысле, не имеющим никакую ценность растением. Однако он сыграл важную роль в спасении Израиля.

После этого Бог потребовал сделать еще одно: после того, как они помажут косяки дверей кровью, им надо оставаться внутри дома. Им было запрещено выходить наружу, — выйдя за пределы обозначенного кровью пространства, они теряли защиту.

Давайте посмотрим к кому обращено Первое послание Петра 1:1-2:

Петр, Апостол Иисуса Христа, пришельцам, рассеянным в Понте, Галатии, Каппадокии, Асии и Вифинии, избранным, по предведению Бога Отца, при освящении от Духа, к послушанию и окроплению Кровию Иисуса Христа: Благодать вам и мир да умножится.

Обратите внимание на то, что идет перед кроплением — послушание. Кровь не покрывает непослушание. Она не приносит пользу тому, кто непослушен, кто выходит за обозначенные пределы. Поэтому помните всегда: ***хотя в крови заключена полная защита — она действует только при послушании.***

Вернемся к совершению первой Пасхи. Кровь собирали в сосуд, который затем вносили в помещение, брали небольшой пучок иссопа, обмакивали его в кровь и помазывали ею косяки дверей. После чего каждый за этими дверями находился в безопасности. Апостол Павел говорит, что Христос является *«нашей Пасхой, закланной за нас».* Образно говоря, наш Пасхальный Агнец Христос был заклан уже почти две тысячи лет назад, Его кровь была собрана и сохраняется в сосуде, — но находясь там, она не защищает никого. Мы находимся в таком же положении, в каком находился Израиль: мы должны перенести кровь из сосуда туда, где мы живем — только после этого и при условии нашего послушания мы получаем защиту. Однако возникает вопрос о том, как нам перенести кровь Иисуса из сосуда на свое жилище?

Вернемся к Откровению 12:11:

Они победили его кровию Агнца и словом свидетельства своего...

Вы помните, о чём мы говорили? — Мы побеждаем сатану, когда лично свидетельствуем о том, что, согласно Слову Божьему, кровь Иисуса делает для нас. Что переносит кровь из сосуда туда, где мы живем? — Наше свидетельство.

Нет ничего сложного в свидетельстве. Что трудного в том, чтобы произнести несколько слов из Писания? Это похоже на маленький пучок иссопа, — но здесь наша защита, и важность нашего свидетельства невозможно переоценить.

Есть другое место Писания, которое очень тесно связано с нашей темой. Послание к Евреям 3:1:

Итак, братия святые, участники в небесном звании, уразумейте Посланника и Первосвященника исповедания нашего, Иисуса Христа...

Иисус назван Первосвященником нашего исповедания. Вы знаете, буквальный смысл слова «исповедание»? — «говорить то же самое, что и...». Таким образом, для нас, верующих в Библию и в Господа Иисуса Христа, исповедание означает *говорить своими устами то же самое, что Бог говорит в Своем Слове*. Мы приводим слова наших уст в соответствие со Словом Божьим, а Господь Иисус является Первосвященником нашего исповедания.

Братья и сестры, если нет исповедания, то нет и Первосвященника исповедания! Господь Иисус может ходатайствовать за нас, когда мы совершаем правильное исповедание. Поэтому, как бы вы не называли это: исповеданием или свидетельством, — это совершенно необходимое условие для принятия спасения Божьего. Иисус предупредил нас, что мы от слов своих оправдаемся и от слов своих осудимся (Матф. 12:37). Мы определяем нашу судьбу своими словами. Апостол Иаков говорит, что язык подобен рулю корабля — несмотря на то, что он является сравнительно маленьким, но именно руль определяет то, где корабль окажется (Иакова 3:4). И мы прокладываем курс нашей жизни посредством того, как используем свой язык. В нашей власти говорить правильно и согласовывать слова уст наших со Словом Божьим. Но мы также вольны говорить неправильно и, тем самым, уводить свою жизнь с верного курса. В зависимости от использования своего языка, мы или благополучно достигнем нашей гавани, или погибнем в кораблекрушении.

Многие христиане очень неосмотрительны и небрежны в использовании своего языка. Можно услышать такое: «Меня это просто добивает», или «Я просто умираю со смеху». Никогда не говорите ничего подобного. Не произносите такие глупости, — это совсем не смешно. Никогда не провозглашай своим языком о себе ничего, что хотел бы увидеть исполненным Богом. Также не недооценивай себя, потому что ты драгоценен в глазах Божьих, — Он купил тебя ценой крови Иисуса. Когда ты уничижаешь и критикуешь самого себя, то на самом деле критикуешь работу рук Божьих, поскольку Библия говорит, что мы произведение Его рук. Как осмеливаешься ты критиковать творение рук Божьих? Гордость является огромной проблемой для христианина, но другой проблемой, настолько же значительной, является недооценка самого себя. Мы ценим себя не по тому, кем являемся сами по себе, но по тому, кем Бог сделал нас.

Итак, сейчас мы рассмотрим практическое применение того, как перенести кровь Иисуса из сосуда туда, где вы живете — в вашу жизнь. Но перед этим я должен сказать вам: *вы не сможете свидетельствовать о том, что говорит Слово Божье о крови Иисуса — пока не будет знать, что же оно говорит.* Поэтому одним из основных условий является знание, чему же учит Библия о крови Иисуса.

Новый Завет говорит о семикратном кроплении кровью Иисуса. И мы рассмотрим применение этого семикратного кропления Иисуса в нашей жизни. Согласно Новому Завету существует семь главных воздействий крови Иисуса на нашу жизнь.

ИСКУПЛЕНИЕ

Первое, что производит кровь Иисуса — это *искупление*. Давайте обратимся к тому, что говорит об этом Писание. Послание к Ефесянам 1:7:

> *...В Котором мы имеем искупление Кровию Его...*

Искупление — это выкуп назад. Мы находились в руках дьявола, Иисус выкупил нас назад Своей кровью.

Первое послание Петра 1:18-19:

> *...Зная, что не тленным серебром или золотом искуплены вы от суетной жизни, преданной вам от отцов, но драгоценною Кровию Христа, как непорочного и чистого Агнца ...*

Обратите внимания, что здесь Иисус опять упоминается как пасхальный Агнец. Он не имел порока — врожденного греха. Он был без пятна — собственных грехов. Мы были искуплены Его кровью из унаследованного нами рабства.

В контексте этого давайте обратимся также к Псалму 106:2:

> *Так да скажут избавленные Господом, которых избавил (букв. искупил) Он от руки врага...*

Кто этот враг? — *сатана*. И если мы были искуплены, что мы должны сделать в связи с этим? — *сказать так*. Если мы не говорим, то нет искупления. Вы понимаете? Ваше исповедание, ваше провозглашение делает искупление действенным для вас. Иначе кровь остается в сосуде.

Давайте подумаем над тем, что мы

можем провозгласить на основании этого места Писания. Мы можем сделать такое исповедание: *через кровь Иисуса я был искуплен из рук дьявола.* (Можно выразить это и по-другому, это лишь пример личного исповедания.)

Братья и сестры! У меня нет никаких иллюзий относительно того, где я был перед тем, как встретился с Иисусом, — я находился в руках дьявола, и у меня нет никаких сомнений и иллюзий по этому поводу! Но сегодня меня там нет, потому что я был искуплен кровью Иисуса из рук дьявола!

Приглашаю вас получить благословение, произнеся это вслух. Мое учение будет практичным, и я собираюсь показать вам очень многие вещи. Но вы получите столько благословений, насколько активно вы будете реагировать на слышимое вами. Итак, произнесите это исповедание веры вслух, осмыслено и не торопясь:

Через кровь Иисуса я был искуплен из рук дьявола.

Можете повторить эти слова несколько раз для себя, чтобы они проникли глубоко в ваше сознание, а лучше засвидетельствовать об этом еще и перед другими людьми. Когда мы произносим вслух то, что Библия говорит о нас, то глубоко внутри нас что-то происходит.

ОЧИЩЕНИЕ

Теперь давайте рассмотрим, что еще кровь Иисуса дает нам — это **очищение**. Обратимся к Первому посланию Иоанна 1:7:

> *Если же ходим во свете, подобно как Он (Иисус) во свете, то имеем общение друг с другом, и Кровь Иисуса Христа, Сына Его, очищает нас от всякого греха.*

Очень важно знать о том, что в оригинале глагол «очищает» стоит в *настоящем продолжительном времени*. Следовательно этот стих говорит о том, что если мы *постоянно* ходим во свете, то мы имеем *постоянное* общение друг с другом. И, пожалуйста, обратите внимание на то, что подтверждением нашего хождения во свете является *общение*. Если вы находитесь вне общения, то вы находитесь вне света, а Кровь не очищает во тьме. Это чрезвычайно важная истина: **Кровь не очищает во тьме**.

Итак, *если мы постоянно ходим во свете, то мы имеем постоянное общение друг с другом и кровь Иисуса постоянно омывает нас от всякого греха*. Это не единоразовое очищение. Не имеет значения, где вы находитесь, — если вы продолжаете ходить во свете, тогда (несмотря на самые трудные обстоятельства, на самое развращенное окружение, на непрекращающееся давление) кровь постоянно очищает нас от всякого греха.

Позвольте показать еще один прекрасный пример. Обратимся ненадолго к великому псалму покаяния Давида, который он написал после того, как был обличен в двух ужасных грехах: прелюбодеянии и убийстве. Давид обратился к Богу с великим плачем покаяния и мольбой о милости. Мы не будем рассматривать весь Псалом 50, но вот что говорит Давид в 9 стихе:

Окропи меня иссопом, и буду чист; омой меня, и буду белее снега.

Обратите внимание, что снова речь идет об иссопе, который, как мы знаем, использовали отцы Израиля во время Пасхи для помазания кровью (фразы *«помазать кровью»* и *«окропить кровью»* в оригинале звучат одинаково — *примеч. ред.*). *«Окропи меня иссопом, и буду чист; омой меня, буду белее снега».* Какая привилегия знать, куда идти, будучи виновным! Каждый христианин имеет такую привилегию. Братья и сестры, задумайтесь на минуту о миллиардах людей, которые чувствуют вину, но при этом не знают, куда им идти. Можете ли вы представить, что значит быть мучимым совестью из-за греха и не знать, куда идти, чтобы обрести прощение и мир? А сегодня в таком состоянии находится огромная часть человечества.

Что же мы провозгласим, согласно Первому посланию Иоанна 1:7? Я бы выразил это так:

Поскольку я хожу во свете, кровь Иисуса очищает меня — прямо сейчас и постоянно — от всякого греха.

Я сознательно уточнил, что кровь Иисуса омывает нас *прямо сейчас*. Однако не только сейчас, но и *всё время, когда мы ходим во свете*. Было бы хорошо, чтобы вы повторили это Библейское исповедание несколько раз прямо сейчас и, желательно, вслух.

ОПРАВДАНИЕ

Следующее, что дает нам кровь Иисуса — это **оправдание**. В греческом оригинале Нового Завета «оправдать» означает «сделать праведным». При этом смысл слова *оправдание* имеет много разных оттенков. Давайте сначала обратимся к Писанию к Римлянам 5:9:

> *Посему тем более ныне, будучи оправданы Кровию Его, спасемся Им от гнева.*

Итак, мы были оправданы Его кровью. Позвольте объяснить это с помощью небольшой притчи. Допустим, вы оказались за серьезное правонарушение в суде, где решается вопрос вашей жизни и смерти. Но неожиданно судья оглашает приговор: «Не виновен!» Вот, что означает оправдание — *вас оправдали*. Кроме того, это не ваша личная праведность — *вам была вменена праведность Самого Иисуса Христа*. Но и это еще не всё: вам не только зачли совершенную праведность, но вы *были сделаны праведным*. Итак, наше оправдание включает в себя всё это: 1) мы были оправданы, 2) нам была вменена праведность, и 3) мы были сделаны праведными.

У меня есть двустишие, при помощи которого легко запомнить, что означает оправдание: *я оправдан — это значит, как будто я никогда не грешил* (по-английски эти слова звучат в рифму — *примеч. переводчика*). Почему? — Потому что я был сделан праведным с праведностью Самого Иисуса Христа, — а

Он никогда не грешил, Он был невиновен, у Него не было темных пятен в прошлом. Вы должны понять, что ваша собственная праведность никогда не приведет вас на Небо. Пророк Исаия сказал, что вся наша праведность подобна запачканной одежде. Но отложите в сторону эту грязную одежду и позвольте крови Иисуса дать вам праведность Иисуса. Тогда дьявол лишится права обвинять вас.

Есть прекрасное место в Книге пророка Исаии 61:10:

> *Радостью буду радоваться о Господе, возвеселится душа моя о Боге моем; ибо Он облек меня в ризы спасения, одеждою правды* (праведности) *одел меня.*

Вы получаете от Бога двойное даяние: *спасение* и *праведность*. Когда вы полагаетесь на Иисуса Христа и Его жертву за вас, то вы будете облечены в ризы спасения. Но не останавливайтесь на этом, — вам надлежит одеться в одежду праведности. Один из переводов говорит: «*Он окутывает вас одеянием праведности*». Вы полностью покрываетесь праведностью Иисуса Христа. У дьявола нет ничего, чтобы он мог сказать против вас. Если он будет говорить вам обо всех неправильных поступках, которые вы когда-либо совершили, то знаете что? — Не спорьте с ним. Скажите: «Ты совершенно прав, сатана. Но все это осталось в прошлом, а сейчас я одет в праведность Иисуса Христа. Посмотрим, сможешь ли ты сказать что-то против этого».

Давайте вернемся к тому, что говорит

пятая глава Послания к Римлянам. На основании этого места Писания наше провозглашение будет звучать так:

Благодаря крови Иисуса я был оправдан, признан невиновным, засчитан праведным, сделан праведным, как если бы никогда не грешил.

Не поленитесь произнести это несколько раз. Если вы сделаете это с верой, то у вас возникнет желание поблагодарить Бога.

ОСВЯЩЕНИЕ

Следующее — это **освящение**. Обратимся к Посланию к Евреям 13:12:

...Иисус, дабы освятить людей Кровию Своею, пострадал вне врат.

Освящение в тексте оригинала напрямую связано со святостью. Слова освященный и святой зачастую взаимозаменяемы. **Освящение — это процесс достижения святости.** С одной стороны, освящение — это отделение от греха и всего развращенного, а с другой, — преобразование в святость Самого Бога.

Послание к Евреям 12:10, рассматривая вопрос наказания от Бога, говорит о том, что наши земные отцы наказывали нас на короткое время с самыми лучшими (по человеческим критериям) намерениями. Но человеческое наказание отличается от Божьего.

Те наказывали нас по своему произволу для немногих дней; а Сей — для пользы, чтобы нам иметь участие в святости Его.

Современный перевод этого отрывка звучит так:

Наши отцы дисциплинировали нас некоторое время, и делали это так, как им казалось справедливым, но Бог воспитывает нас ради нашего блага, чтобы нам также стать участниками Его святости.

Обратите внимание, что здесь говорится не о нашей праведности и святости, но о Его святости. Как мы становимся участ-

никами Его святости? Через кровь Иисуса. Чтобы освятить народ Свой собствен-
ной кровью Господь Иисус пострадал вне
врат.

Мы можем выразить это так:

**_Благодаря крови Иисуса я ос-
вящен, отделен от греха, отделен
для Бога, сделан святым Божьей
святостью._**

Таким образом, мы каждый раз про-
должаем делать следующее: погружаем
иссоп в сосуд и окропляем себя.

ЖИЗНЬ

Итак, мы уже рассмотрели *искупление, очищение, оправдание* и *освящение*. Следующее, что дает кровь Иисуса — это **жизнь**. Однажды мне довелось слышать одного проповедника, который утверждал следующее: «Что делает Кровь Иисуса? — она лишь освобождает нас от плохого». Полагаю, что очень опасно делать такие заявления. В крови Иисуса — жизнь, и нет ничего более позитивного, чем жизнь. Давайте заглянем в книгу Левит 17:11:

> *Потому что душа тела в крови, и Я назначил ее вам для жертвенника, чтобы очищать души ваши...*

(Где в Синодальном переводе стоит слово «душа», в других переводах сказано «жизнь» — *примеч. ред.*) Именно кровь производит искупление души. Таким образом, жизнь Божья находится в крови Иисуса — это жизнь Самого Бога, жизнь Творца Вселенной. Наш человеческий разум не в состоянии представить весь потенциал такого утверждения, потому Творец несравненно больше всего Своего творения. Если бы мы только могли осознать, что заключено в крови Иисуса... При случае я всегда пытаюсь донести людям тот факт, что в одной капли крови Господа Иисуса больше силы, чем во всем царстве сатаны, потому что в ней находится вечная, несотворенная, необъятная жизнь Самого Бога, существовавшая прежде, чем что-то было сотворено. Что за привилегия — в принятии этой жизни! Какая сила сокрыта в ней!

В свете этого обратимся к Евангелию от Иоанна 6:53-57:

Иисус же сказал им: истинно, истинно говорю вам...

Иисус использовал два уровня ударения в Своем учении. Иногда Он подчеркивал какую-нибудь мысль, говоря *«истинно»*, а порой делал двойное ударение — *«истинно, истинно»*. В первом случае это свидетельствует, что речь идет о чём-то важном, во втором — о чём-то чрезвычайно важном.

...Истинно, истинно говорю вам: если не будете есть Плоти Сына Человеческого и пить Крови Его, то не будете иметь в себе жизни. Ядущий Мою Плоть и пиющий Мою Кровь имеет жизнь вечную, и Я воскрешу его в последний день. Ибо Плоть Моя истинно есть пища, и Кровь Моя истинно есть питие. Ядущий Мою Плоть и пиющий Мою Кровь пребывает во Мне, и Я в нем. Как послал Меня живый Отец, и Я живу Отцем, так и ядущий Меня жить будет Мною.

Мое христианское служение началось в 1946 году в арабском поселении Рамаллах, расположенном к северу от Иерусалима. Сегодня это уже не поселок, а крупный город. В то время для нас с женой и наших приемных детей арабский язык был домашним. До сегодняшнего дня, когда я думаю или принимаю участие в хлебопреломлении, вечере Господней, евхаристии (как бы вы это не называли), то всегда вспоминаю, что арабы-христиане говорят так: «давайте пить кровь Иисуса». Они говорят о причастии очень просто, не используя витиеватые и очень «духовные» выражения. Можно по-разному сказать о причастии, но для меня это означает: *есть тело Иисуса, и пить Его кровь.* Если кого-то коробит от таких слов, — извините, ничем не могу помочь.

Некоторые были научены так, что при причастии мы лишь вспоминаем об Иисусе. Однако это совсем не то, что сказал Иисус. Он сказал, что мы «едим Его плоть и пьем Его кровь». Конечно, мы делаем это также и в воспоминание, но на воспоминании всё не заканчивается. В действительности мы делим между собой тело и кровь Господа Иисуса Христа, и нет причины менять это.

Есть много разных мнений о том, как вино становится кровью, а хлеб — телом. Представители католических и литургических церквей верят, что это происходит благодаря благословению священника. Честно говоря, это не совпадает с тем, во что верю я. По моему глубокому убеждению, это происходит благодаря личной вере. Когда я принимаю причастие, веря в то, что Иисус сказал в Своем Слове, то это становится для меня именно тем, чем по Его Слову оно должно быть. Пожалуйста, не пытайтесь меня переубедить (впрочем, у вас и не получится это сделать), потому что я всякий раз переживаю благословение через участие в Вечере таким образом.

В 1-ом Коринфянам 11:26 сказано следующее:

Ибо всякий раз, когда вы едите хлеб

сей и пьете чашу сию, смерть Господню возвещаете, доколе Он придет.

(«*Ибо всякий раз*» в английском переводе это звучит буквально так: «*так часто, как часто вы это делаете...*» — *примеч. ред.*) Помню, как один проповедник заметил по этому поводу: «сказано о том, что это надо делать так *часто*, а не так *редко*, как вы это делаете».

Первое послание Коринфянам 10:16 говорит о приобщении Крови и Тела Христа:

Чаша благословения, которую благословляем, не есть ли приобщение Крови Христовой? Хлеб, который преломляем, не есть ли приобщение Тела Христова?

После этого апостол Павел напоминает коринфским христианам о том, как была учреждена Вечеря Господня. 1-е Коринфянам 11:23-26:

Ибо я от Самого Господа принял то, что и вам передал, что Господь Иисус в ту ночь, в которую предан был, взял хлеб и, возблагодарив, преломил и сказал: приимите, ядите, сие есть Тело Мое, за вас ломимое; сие творите в Мое воспоминание.

Совершенно верно, что это делается *в воспоминание* об Иисусе. Однако важно, *что именно* мы делаем в воспоминание о Нём — *мы принимаем Его тело*.

Также и чашу после вечери, и сказал: сия чаша есть новый завет в Моей Крови; сие творите, когда только будете пить, в Мое воспоминание. Ибо всякий раз, когда вы едите хлеб сей и пьете чашу сию, смерть Господню возвещаете, доколе Он придет.

Поделюсь с вами личным свидетельством, но мне бы очень не хотелось, чтобы кто-то начал слепо подражать нам с Руфью. Слава Богу за прекрасную свободу в Теле Христовом, что мы должны делать только то, к чему ведет нас Господь. Как бы там ни было, послушайте мое свидетельство. Скажу вам, что причастие приобрело очень большое значение для меня лично, и я чрезвычайно остро ощущаю свою нужду в жизни Божьей. Со всем смирением могу заметить, что моя жизнь в чём-то является рекламой жизни Божьей. Многие люди с трудом могут поверить, что мне уже за семьдесят. Я считаю это одним из результатов жизни благодаря телу и крови Иисуса. Для меня это не просто учение или отвлеченная теория — это жизненная реальность. (Дерек Принс благополучно дожил до 88 лет и мирно отошел к Господу во сне, находясь последние дни под наблюдением врачей по причине утомления сердечной мышцы — *примеч. ред.*)

Сейчас я расскажу вам, как мы с Руфью делаем это, — но, пожалуйста, еще раз прошу вас, не воспринимайте это как что-то, чему вы должны подражать. Как правило, мы с женой принимаем причастие каждое утро. И каждый раз я преломляю хлеб и произношу одни и те же слова: «Господь Иисус, мы принимаем это хлеб как Твое тело». Мы вкушаем его и затем принимаем очень маленькую чашу со словами: «Господь Иисус, мы принимаем эту чашу как Твою кровь». В конце я произношу: «Мы делаем это, провозглашая Твою смерть, доколе Ты придешь». Чаще всего мы совершаем это в нашем доме в Иерусалиме, где христиане составляют менее одного процента населения. Это огромная привилегия — каждый день провозглашать смерть Господа в том городе, где Он умер.

Известный исследователь Библии 19-го века прокомментировал это так: «Когда мы провозглашаем смерть Иисуса, доколе Он придет, это выводит нас из контекста нашего времени, — у нас больше нет прошлого, кроме креста Господа; и нет будущего, кроме пришествия Господа». Итак, мы провозглашаем Его смерть, доколе Он придет, и каждый раз напоминаем себе, что Он вернется.

Давайте выразим это словами исповедания нашей веры:

Господь Иисус, принимая Твою кровь, вместе с ней мы принимаем вечную и необъятную жизнь Божью. Благодарим Тебя!

Уделите время для поклонения Ему. Просто откройтесь для Него прямо сейчас. Пусть ощущение Божьей жизни наполнит ваше сердце, ваш разум, даже ваше физическое тело. Апостол Павел сказал: *смерть будет поглощена жизнью и бессмертием* (1 Кор. 15:54). Смерть продолжает свое действие в наших телах, которое выражается в болезнях, немощах, ослаблении и т.п. Но всё это каждый день может быть поглощаемо жизнью Божьей. Павел говорит: несмотря на то, что внешний наш

человек ветшает, наш внутренний человек
со дня на день обновляется (2 Кор. 4:16)
В нашем внутреннем человеке достаточно
жизни, чтобы поддерживать нашего внеш-
него человека до тех пор, пока мы не вы-
полним нашу задачу на земле. Аминь.

ХОДАТАЙСТВО

Шестое, что производит кровь Иисуса для нас — это **ходатайство**. Послание к Евреям 12:22-24:

> *Но вы приступили к горе Сиону и ко граду Бога живаго, к небесному Иерусалиму и тьмам Ангелов, к торжествующему собору и церкви первенцев, написанных на небесах, и к Судии всех Богу, и к духам праведников, достигших совершенства, и к Ходатаю нового завета Иисусу, и к Крови кропления, говорящей лучше, нежели Авелева.*

Обратите внимание на времена глаголов в этих стихах. Здесь восемь раз говорится о том, что мы приступили. Не собираемся приступать, но *уже приступили*. И приступили не в плоти, но в Духе.

Итак, мы приступили:

1. к горе Сиону;
2. к городу Бога живого, небесному Иерусалиму (не к земному, но к небесному Иерусалиму);
3. к несчетному количеству ангелов; мне нравится перевод, который говорит о торжествующих порядках и построениях ангелов (видеть множество ангелов — это восхитительно уже само по себе, что уж говорить об их торжествующем собрании!);
4. к Церкви первенцев, написанных (в современном переводе «зарегистрированных») на небесах, — Церкви рожденных свыше детей Божьих;
5. к Судье всех Богу (слава Богу, что Он

больше, чем просто Судья, иначе для нас не было бы надежды);

6. к духам праведников, достигших совершенства (верю, что здесь говорится о святых Ветхого Завета, которые в результате жизненного хождения в вере достигли того, что мы получаем через новое рождение; заметьте, мы не *достигаем* это через новое рождение, мы *получаем* это благодаря ему);

7. к Ходатаю Нового Завета Иисусу (вот благодаря чему мы можем быть там, если бы Бог был только Судьей, то нас там бы не было, но рядом с Богом-Судьей находится Иисус-Ходатай);

8. наконец, к крови кропления, говорящей лучше, чем Авелева.

Кровь Иисуса ходатайствует за нас на Небесах. У нее есть три основных отличия от крови Авеля: 1) кровь Авеля была пролита вопреки его воли, в то время как Иисус пролил Свою кровь добровольно; 2) кровь Авеля окропила землю, а кровь Иисуса окропила Святое Святых; 3) кровь Авеля взывала о мщении, а кровь Иисуса — о прощении. Это такое прекрасное откровение, и мне бы не хотелось, чтобы кто-нибудь из вас лишился его.

Бывают времена слабости, давления, когда мы просто не можем молиться и удивляемся, как мы еще можем дышать. В такое время хорошо бы знать, что кровь Иисуса, окропленная в присутствии Бога, постоянно ходатайствует о милости для нас.

Давайте сделаем провозглашение, которое согласуется с этой истиной:

Благодарю Тебя, Господь, что даже тогда, когда я не могу молиться, кровь Иисуса ходатайствует обо мне на Небесах!

Произнесите эти слова с верой несколько раз, каждый раз вкладывая в них свое сердце.

ДОСТУП К БОГУ

Наконец, через кровь Иисуса мы имеем **доступ к Богу**. Ходатайство крови Иисуса и доступ к Богу через кровь Иисуса выводит нас из времени в вечные Небеса, куда все мы хотим попасть в конечном итоге. Послание к Евреям 10:19-23:

Итак, братия, имея дерзновение...

Или *уверенность*. Это перевод греческого слова, которое буквально означает *свободу речи*. Очень важно, что наша уверенность дает нам свободу говорить, свободу речи, — иначе говоря, свободу свидетельствовать. Не забывайте об этом. Если мы не свидетельствуем, то у нас нет этого.

Итак, братия, имея дерзновение входить во святилище посредством Крови Иисуса Христа, путем новым и живым, который Он вновь открыл нам через завесу, то есть плоть Свою, и [имея] великого Священника над домом Божиим, да приступаем с искренним сердцем, с полною верою, кроплением очистив сердца от порочной совести, и омыв тело водою чистою, будем держаться исповедания упования неуклонно, ибо верен Обещавший.

Итак, во-первых, Иисус является *Первосвященником исповедания нашего* (Евреям 3:1). Во-вторых, нам надо *твердо держаться* исповедания нашего (Евреям 4:14). В-третьих, нам необходимо держаться исповедания нашего *неуклонно* (Евреям 10:23) (букв, *без колебаний —*

примеч. переводчика). Обратите особое внимание на последние слова. О чём это говорит нам? Когда вы летите в самолете и слышите команду пристегнуть ремни, то чего вы ожидаете? — Что самолет входит в область встречных воздушных потоков. Когда Слово Божье говорит, что нам необходимо: 1) делать исповедание, 2) твердо держаться нашего исповедания и 3) держаться нашего исповедания неуклонно, — то это подобно тому, как если бы Бог предупреждал, что нам надо пристигнуть ремни (сильнее закрепиться и держаться) — скоро нас начнет трясти. Даже когда тебе кажется, что всё вокруг тебя оборачивается против тебя, Слово Божье остается истиной в любых обстоятельствах, — *держись правильного исповедания*.

Заметьте, что мы входим в Святое Святых *путем новым и живым*. Обратимся ненадолго к 16-й главе книги Левит, где говорится о том, что первосвященник должен входить в Святое Святых один раз в год. Он входил туда с горящей кадильницей в руках, и ее фимиам производил благоухающее облако, которое покрывало «Престол милости» (так называлась та часть ковчега, которая в Синодальном переводе названа лишь «крышкой ковчега» — *примеч. ред.*). Это говорит о поклонении. Он входил туда также с кровью жертвы и кропил этой кровью семь раз между завесой и «Престолом милости». После этого он смазывал кровью западную и восточную сторону «Престола милости». Когда Послание к Евреям говорит об уверенном вхождении через кровь Иисуса путем новым и живым, то имеется в виду семикратное кропление кровью и помазание жертвенной кровью «Престола милости». Благодаря крови Иисуса мы имеем надежный доступ к Небесному престолу Бога Всемогущего и в Святое Святых Вселенной.

Давайте провозгласим следующее:

Благодарю Тебя, Господь, что через кропление крови Иисуса я имею доступ в Твое присутствие — присутствие Всемогущего Бога и в Святое Святых Вселенной!

Итак, кропимая семь раз кровь Иисуса производит семь разных результатов в нашей жизни: 1) искупление; 2) очищение; 3) оправдание; 4) освящение; 5) передача жизни Божьей; 6) ходатайство; 7) доступ в Божье присутствие.

Помните всегда, что *мы побеждаем сатану кровью Агнца и словом свидетельства своего.* Провозгласите этот стих полностью, не забыв о любви к своей душе:

Мы побеждаем сатану кровью Агнца и словом свидетельства своего, и не возлюбим души нашей даже до смерти.

Теперь, во свете всего сказанного, вполне естественно будет выразить свою благодарность Господу. Если кто-то не благодарит Бога, то только потому, что не верит Ему.

Благодарим Тебя, Господь!

Тебе да будет вся слава!

Поклоняемся пред Твоим Небесным Престолом!

www.ingramcontent.com/pod-product-compliance
Lightning Source LLC
Chambersburg PA
CBHW060613030426
42337CB00018B/3055